화엄경 제31권(십회향품 제25-29) 해설

화엄경 제31권에는 십회향품이 들어있다.

여기서는 보살의 무착무박해탈회향에 대하여 "일체 선근심으로 존중하여야 한다" 하고 (p.1)

"① 생사심 ② 희구심 ③ 수희심 ④ 수수인심으로 무애음성다라니를 얻어 무착무박해탈심을 보현행으로 성취하여야 한다" 하였다 (pp.2~69).

말하자면 "무착무박해탈심에 의해서 보시 · 지계 · 인욕 · 정진 · 선정 · 지혜 등 10바라밀을 성치하여야 한다" 하고 금강당보살이 게송으로 읊었다.

"菩薩所作諸功德 ~ 世間疑惑悉除滅"

하고 말했다.

十廻向品 第二十五之九
십회향품 제이십오지구

佛子 云何爲菩薩摩訶薩
불자 운하위보살마하살

無著無縛解脫廻向 佛子 是
무착무박해탈회향 불자 시

菩薩摩訶薩 於一切善根 心
보살마하살 어일체선근 심

生尊重 所謂 於出生死心 生
생존중 소위 어출생사심 생

尊重 於攝取一切善根心 生
존중 어섭취일체선근심 생

尊重 於希求一切善根心 生
존중 어희구일체선근심 생

尊(존)重(중)於(어)悔(회)諸(제)過(과)業(업)心(심)生(생)尊(존)重(중)

於(어)隨(수)喜(희)善(선)根(근)心(심)生(생)尊(존)重(중)於(어)

禮(례)敬(경)諸(제)佛(불)心(심)生(생)尊(존)重(중)於(어)合(합)掌(장)

恭(공)敬(경)心(심)生(생)尊(존)重(중)於(어)頂(정)禮(례)塔(탑)廟(묘)

心(심)生(생)尊(존)重(중)於(어)勸(권)佛(불)說(설)法(법)心(심)生(생)

尊(존)重(중)於(어)如(여)是(시)等(등)種(종)種(종)善(선)根(근)皆(개)

生(생)尊(존)重(중)隨(수)順(순)忍(인)可(가)

佛(불)子(자)菩(보)薩(살)摩(마)訶(하)薩(살)於(어)彼(피)善(선)
根(근)皆(개)生(생)尊(존)重(중)隨(수)順(순)忍(인)可(가)時(시)究(구)
竟(경)欣(흔)樂(락)堅(견)固(고)信(신)解(해)自(자)得(득)安(안)住(주)
令(령)他(타)安(안)住(주)勤(근)修(수)無(무)著(착)自(자)在(재)積(적)
集(집)成(성)勝(승)志(지)樂(락)住(주)如(여)來(래)境(경)勢(세)力(력)
增(증)長(장)悉(실)得(득)知(지)見(견)以(이)諸(제)善(선)根(근)如(여)
是(시)迴(회)向(향)

사경의 공덕은 십만억 부처님께 공양한 것과 같은 공덕이 있습니다.

所謂以無著無縛解脫心
소위이무착무박해탈심

成就普賢身業以無著無縛
성취보현신업이무착무박

解脫心淸淨普賢語業以無
해탈심청정보현어업이무

著無縛解脫心圓滿普賢意
착무박해탈심원만보현의

業以無著無縛解脫心發起
업이무착무박해탈심발기

普賢廣大精進
보현광대정진

以無著無縛解脫心具足
이무착무박해탈심구족

普賢無礙音聲陀羅尼門其
보현무애음성다라니문기

聲廣大普徧十方以無著無
성광대보변시방이무착무

縛解脫心具足普賢見一切
박해탈심구족보현견일체

佛陀羅尼門恒見十方一切
불다라니문항견시방일체

諸佛
제불

以無著無縛解脫心成就
이무착무박해탈심성취

解了一切音聲陀羅尼門同
해료일체음성다라니문동

一(일)切(체)音(음)說(설)無(무)量(량)法(법)以(이)無(무)著(착)無(무)
縛(박)解(해)脫(탈)心(심)成(성)就(취)普(보)賢(현)一(일)切(체)劫(겁)
住(주)陀(다)羅(라)尼(니)門(문)普(보)於(어)十(시)方(방)修(수)菩(보)
薩(살)行(행)

以(이)無(무)著(착)無(무)縛(박)解(해)脫(탈)心(심)成(성)就(취)
普(보)賢(현)自(자)在(재)力(력)於(어)一(일)衆(중)生(생)身(신)中(중)
示(시)修(수)一(일)切(체)菩(보)薩(살)行(행)盡(진)未(미)來(래)劫(겁)

사경의 공덕은 십만억 부처님께 공양한 것과 같은 공덕이 있습니다.

常[상]無[무]間[간]斷[단]如[여]一[일]衆[중]生[생]身[신]一[일]切[체]
衆[중]生[생]身[신]悉[실]亦[역]如[여]是[시]
以[이]無[무]著[착]無[무]縛[박]解[해]脫[탈]心[심]成[성]就[취]
普[보]賢[현]自[자]在[재]力[력]普[보]入[입]一[일]切[체]衆[중]道[도]
場[량]普[보]現[현]一[일]切[체]諸[제]佛[불]前[전]修[수]菩[보]薩[살]
行[행]以[이]無[무]著[착]無[무]縛[박]解[해]脫[탈]心[심]成[성]就[취]
普[보]賢[현]佛[불]自[자]在[재]力[력]於[어]一[일]門[문]中[중]示[시]

사경의 공덕은 십만억 부처님께 공양한 것과 같은 공덕이 있습니다.

現經不可說不可說劫無有
현경불가설불가설겁무유

窮盡令一切衆生皆得悟入
궁진령일체중생개득오입

以無著無縛解脫心成就
이무착무박해탈심성취

普賢佛自在力於種種門中
보현불자재력어종종문중

示現經不可說不可說劫無
시현경불가설불가설겁무

有窮盡令一切衆生皆得悟
유궁진령일체중생개득오

入其身普現一切佛前
입기신보현일체불전

以無著無縛解脫心成就
이 무 착 무 박 해 탈 심 성 취

普賢自在力念念中令不可
보 현 자 재 력 념 념 중 령 불 가

說不可說衆生住十力智心
설 불 가 설 중 생 주 십 력 지 심

無疲倦以無著無縛解脫心
무 피 권 이 무 착 무 박 해 탈 심

成就普賢自在力於一切衆
성 취 보 현 자 재 력 어 일 체 중

生身中現一切佛自在神通
생 신 중 현 일 체 불 자 재 신 통

令一切衆生住普賢行
영 일 체 중 생 주 보 현 행

普 보	賢 현	以 이	切 체	言 언	普 보	
容 용	自 자	無 무	衆 중	中 중	賢 현	以 이
納 납	在 재	著 착	生 생	作 작	自 자	無 무
一 일	力 력	無 무	一 일	一 일	在 재	著 착
切 체	於 어	縛 박	一 일	切 체	力 력	無 무
衆 중	一 일	解 해	皆 개	衆 중	於 어	縛 박
生 생	一 일	脫 탈	住 주	生 생	一 일	解 해
身 신	衆 중	心 심	一 일	語 어	切 체	脫 탈
令 령	生 생	成 성	切 체	言 언	衆 중	心 심
皆 개	身 신	就 취	智 지	令 령	生 생	成 성
自 자	中 중	普 보	地 지	一 일	語 어	就 취

伏 복	周 주	自 자	無 무	一 일	脫 탈	謂 위
一 일	聞 문	在 재	著 착	華 화	心 심	成 성
切 체	一 일	力 력	無 무	莊 장	成 성	就 취
衆 중	切 체	出 출	縛 박	嚴 엄	就 취	佛 불
生 생	諸 제	大 대	解 해	一 일	普 보	身 신
以 이	佛 불	音 음	脫 탈	切 체	賢 현	以 이
無 무	國 국	聲 성	心 심	十 시	自 자	無 무
著 착	土 토	普 보	成 성	方 방	在 재	著 착
無 무	攝 섭	徧 변	就 취	世 세	力 력	無 무
縛 박	受 수	法 법	普 보	界 계	能 능	縛 박
解 해	調 조	界 계	賢 현	以 이	以 이	解 해

脫心成就普賢自在力盡未
탈심성취보현자재력진미

來際不可說不可說劫於念
래제불가설불가설겁어념

念中悉能徧入一切世界以
념중실능변입일체세계이

佛神力隨念莊嚴以無著無
불신력수념장엄이무착무

縛解脫心成就普賢自在力
박해탈심성취보현자재력

盡未來際所住之劫常能徧
진미래제소주지겁상능변

入一切世界示現成佛出興
입일체세계시현성불출흥

於世
어 세

以無著無縛解脫心成普
이 무 착 무 박 해 탈 심 성 보

賢行一光普照盡虛空界一
현 행 일 광 보 조 진 허 공 계 일

切世界以無著無縛解脫心
체 세 계 이 무 착 무 박 해 탈 심

成普賢行得無量智慧具一
성 보 현 행 득 무 량 지 혜 구 일

切神通說種種法
체 신 통 설 종 종 법

以無著無縛解脫心成普
이 무 착 무 박 해 탈 심 성 보

賢行入於如來盡一切劫不
현행입어여래진일체겁불

可測量神通智慧以無著無
가측량신통지혜이무착무

縛解脫心成普賢行住盡法
박해탈심성보현행주진법

界諸如來所以佛神力修習
계제여래소이불신력수습

一切諸菩薩行身口意業曾
일체제보살행신구의업증

無懈倦
무해권

以無著無縛解脫心成普
이무착무박해탈심성보

賢行不違於義不壞於法言
현행불위어의불괴어법언

辭淸淨樂說無盡敎化調伏
사청정락설무진교화조복

一切衆生令其當得一切諸
일체중생령기당득일체제

佛無上菩提
불무상보리

以無著無縛解脫心修普
이무착무박해탈심수보

賢行入一法門時放無量光
현행입일법문시방무량광

照不思議一切法門如一法
조부사의일체법문여일법

門(문) 一(일) 切(체) 法(법) 門(문) 皆(개) 亦(역) 如(여) 是(시) 通(통) 達(달)

無(무) 礙(애) 究(구) 竟(경) 當(당) 得(득) 一(일) 切(체) 智(지) 地(지)

以(이) 無(무) 著(착) 無(무) 縛(박) 解(해) 脫(탈) 心(심) 住(주) 菩(보)

薩(살) 行(행) 於(어) 法(법) 自(자) 在(재) 到(도) 於(어) 普(보) 賢(현) 莊(장)

嚴(엄) 彼(피) 岸(안) 於(어) 一(일) 一(일) 境(경) 界(계) 皆(개) 以(이) 一(일)

切(체) 智(지) 觀(관) 察(찰) 悟(오) 入(입) 而(이) 一(일) 切(체) 智(지) 亦(역)

不(불) 窮(궁) 盡(진)

以無著無縛解脫心始從
이무착무박해탈심시종

此生盡未來際住普賢行常
차생진미래제주보현행상

不休息一切智法悟不可說
불휴식일체지법오불가설

不可說眞實法於法究竟無
불가설진실법어법구경무

有迷惑
유미혹

以無著無縛解脫心修普
이무착무박해탈심수보

賢業方便自在得法光明於
현업방편자재득법광명어

諸菩薩所行之行照了無礙
제보살소행지행조료무애

以無著無縛解脫心修普賢
이무착무박해탈심수보현

行得一切方便智知一切方
행득일체방편지지일체방

便所謂無量方便不思議方
편소위무량방편불사의방

便菩薩方便一切智方便一
편보살방편일체지방편일

切菩薩調伏方便轉無量法
체보살조복방편전무량법

輪方便不可說時方便說種
륜방편불가설시방편설종

	心 심	見 견	賢 현		便 편	種 종
以 이	永 영	者 자	行 행	以 이	說 설	法 법
無 무	不 불	歡 환	成 성	無 무	一 일	方 방
著 착	退 퇴	喜 희	就 취	著 착	切 체	便 편
無 무	轉 전	不 불	身 신	無 무	法 법	無 무
縛 박	究 구	生 생	業 업	縛 박	無 무	邊 변
解 해	竟 경	誹 비	令 령	解 해	餘 여	際 제
脫 탈	淸 청	謗 방	一 일	脫 탈	方 방	無 무
心 심	淨 정	發 발	切 체	心 심	便 편	畏 외
修 수		菩 보	衆 중	住 주		藏 장
普 보		提 리	生 생	普 보		方 방

切 체	廣 광	賢 현		應 응	淨 정	賢 현
廣 광	大 대	行 행	以 이	衆 중	智 지	行 행
大 대	神 신	立 입	無 무	生 생	一 일	得 득
世 세	通 통	殊 수	著 착	皆 개	切 체	了 료
間 간	廣 광	勝 승	無 무	令 령	言 언	一 일
廣 광	大 대	志 지	縛 박	歡 환	辭 사	切 체
大 대	智 지	具 구	解 해	喜 희	具 구	衆 중
國 국	慧 혜	清 청	脫 탈		足 족	生 생
土 토	普 보	淨 정	心 심		莊 장	語 어
廣 광	詣 예	心 심	住 주		嚴 엄	言 언
大 대	一 일	得 득	普 보		普 보	清 청

衆生所說一切如來不可說 (중생소설일체여래불가설)

廣大法廣大莊嚴圓滿藏 (광대법광대장엄원만장)

以無著無縛解脫心成滿 (이무착무박해탈심성만)

普賢迴向行願得一切佛淸 (보현회향행원득일체불청)

淨身淸淨心淸淨解攝佛功 (정신청정심청정해섭불공)

德住佛境界智印普照示現 (덕주불경계지인보조시현)

菩薩淸淨之業善入一切差 (보살청정지업선입일체차)

別(별) 句(구) 義(의) 示(시) 諸(제) 佛(불) 菩(보) 薩(살) 廣(광) 大(대) 自(자)
在(재) 爲(위) 一(일) 切(체) 衆(중) 生(생) 現(현) 成(성) 正(정) 覺(각)
以(이) 無(무) 著(착) 無(무) 縛(박) 解(해) 脫(탈) 心(심) 勤(근) 修(수)
普(보) 賢(현) 諸(제) 根(근) 行(행) 願(원) 得(득) 聰(총) 利(리) 根(근) 調(조)
順(순) 根(근) 一(일) 切(체) 法(법) 自(자) 在(재) 根(근) 無(무) 盡(진) 根(근)
勤(근) 修(수) 一(일) 切(체) 善(선) 根(근) 根(근) 一(일) 切(체) 佛(불) 境(경)
界(계) 平(평) 等(등) 根(근) 授(수) 一(일) 切(체) 菩(보) 薩(살) 不(불) 退(퇴)

轉記大精進根了知一切佛
전기대정진근요지일체불

法金剛界根一切如來智慧
법금강계근일체여래지혜

光照金剛焰根分別一切諸
광조금강염근분별일체제

根自在根安立無量衆生於
근자재근안립무량중생어

一切智根無邊廣大根一切
일체지근무변광대근일체

圓滿根淸淨無礙根
원만근청정무애근

以無著無縛解脫心修普
이무착무박해탈심수보

賢行得一切菩薩神力所謂
현행득일체보살신력소위

無量廣大力神力無量自在
무량광대력신력무량자재

智神力不動其身普現一切
지신력부동기신보현일체

佛剎神力無礙不斷自在神
불찰신력무애부단자재신

力普攝一切佛剎置於一處
력보섭일체불찰치어일처

神力一身徧滿一切佛剎神
신력일신변만일체불찰신

力無礙解脫遊戲神力無所
력무애해탈유희신력무소

作一念自在神力住無性無
작일념자재신력주무성무

依神力一毛孔中次第安立
의신력일모공중차제안립

不可說世界徧遊法界諸佛
불가설세계변유법계제불

道場示諸衆生皆令得入大
도량시제중생개령득입대

智慧門神力
지혜문신력

以無著無縛解脫心入普
이무착무박해탈심입보

賢門生菩薩行以自在智於
현문생보살행이자재지어

一念頃普入無量諸佛國土
일념경보입무량제불국토

一身容受無量佛刹獲能嚴
일신용수무량불찰획능엄

淨佛國土智恒以智慧觀見
정불국토지항이지혜관견

無邊諸佛國土永不發起二
무변제불국토영불발기이

乘之心
승지심

以無著無縛解脫心修普
이무착무박해탈심수보

賢方便行入智慧境界生如
현방편행입지혜경계생여

來家住菩薩道具足不可說
래가주보살도구족불가설

不可說無量不思議殊勝心
불가설무량불사의수승심

行無量願未曾休息了知三
행무량원미증휴식료지삼

世一切法界
세일체법계

以無著無縛解脫心成就
이무착무박해탈심성취

普賢清淨法門於一毛端量
보현청정법문어일모단량

處悉包容盡虛空徧法界不
처실포용진허공변법계불

可說不可說一切國土皆使
가설불가설일체국토개사

明見如一毛端量處徧法界
명견여일모단량처변법계

虛空界一一毛端量處悉亦
허공계일일모단량처실역

如是
여시

以無著無縛解脫心成就
이무착무박해탈심성취

普賢深心方便於一念心中
보현심심방편어일념심중

現一衆生不可說不可說劫
현일중생불가설불가설겁

사경의 공덕은 십만억 부처님께 공양한 것과 같은 공덕이 있습니다.

念心如是乃至現一切衆生
념심여시내지현일체중생

爾許劫念心
이허겁념심

以無著無縛解脫心入普
이무착무박해탈심입보

賢迴向行方便地於一身中
현회향행방편지어일신중

悉能包納盡法界不可說不
실능포납진법계불가설불

可說身而衆生界無所增減
가설신이중생계무소증감

如一身乃至周徧法界一切
여일신내지주변법계일체

사경의 공덕은 십만억 부처님께 공양한 것과 같은 공덕이 있습니다.

身(신)悉(실)亦(역)如(여)是(시)

以(이)無(무)著(착)無(무)縛(박)解(해)脫(탈)心(심)成(성)就(취)

普(보)賢(현)大(대)願(원)方(방)便(편)捨(사)離(리)一(일)切(체)想(상)

倒(도)心(심)倒(도)見(견)倒(도)普(보)入(입)一(일)切(체)諸(제)佛(불)

境(경)界(계)常(상)見(견)諸(제)佛(불)虛(허)空(공)界(계)等(등)淸(청)

淨(정)法(법)身(신)相(상)好(호)莊(장)嚴(엄)神(신)力(력)自(자)在(재)

常(상)以(이)妙(묘)音(음)開(개)示(시)演(연)說(설)無(무)礙(애)無(무)

斷(단) 令(령) 其(기) 聞(문) 者(자) 如(여) 說(설) 受(수) 持(지) 於(어) 如(여)
來(래) 身(신) 了(료) 無(무) 所(소) 得(득)
以(이) 無(무) 著(착) 無(무) 縛(박) 解(해) 脫(탈) 心(심) 修(수) 普(보)
賢(현) 行(행) 住(주) 菩(보) 薩(살) 地(지) 於(어) 一(일) 念(념) 中(중) 入(입)
一(일) 切(체) 世(세) 界(계) 所(소) 謂(위) 入(입) 仰(앙) 世(세) 界(계) 覆(부)
世(세) 界(계) 不(불) 可(가) 說(설) 不(불) 可(가) 說(설) 十(시) 方(방) 網(망)
一(일) 切(체) 處(처) 廣(광) 大(대) 世(세) 界(계)

界 계	世 세		無 무	入 입	分 분	
所 소	界 계	以 이	量 량	一 일	別 별	以 이
安 안	入 입	一 일	世 세	世 세	一 일	因 인
立 립	一 일	切 체	界 계	界 계	切 체	陀 다
無 무	世 세	法 법	入 입	以 이	法 법	羅 라
量 량	界 계	界 계	一 일	不 불	界 계	網 망
世 세	以 이	所 소	世 세	可 가	以 이	分 분
界 계	一 일	安 안	界 계	說 설	種 종	別 별
入 입	切 체	立 립		不 불	種 종	方 방
一 일	虛 허	無 무		可 가	世 세	便 편
世 세	空 공	量 량		說 설	界 계	普 보

界(계) 而(이) 亦(역) 不(불) 壞(괴) 安(안) 立(립) 之(지) 相(상) 悉(실) 令(령)

明(명) 見(견)

以(이) 無(무) 著(착) 無(무) 縛(박) 解(해) 脫(탈) 心(심) 修(수) 習(습)

普(보) 賢(현) 菩(보) 薩(살) 行(행) 願(원) 得(득) 佛(불) 灌(관) 頂(정) 於(어)

一(일) 念(념) 中(중) 入(입) 方(방) 便(편) 地(지) 成(성) 滿(만) 安(안) 住(주)

衆(중) 行(행) 智(지) 寶(보) 悉(실) 能(능) 了(료) 知(지) 一(일) 切(체) 諸(제)

想(상) 所(소) 謂(위) 衆(중) 生(생) 想(상) 法(법) 想(상) 刹(찰) 想(상) 方(방)

想상 佛불 想상 世세 想상 業업 想상 行행 想상 界계 想상

解해 想상 根근 想상 時시 想상 持지 想상 煩번 惱뇌 想상

淸청 淨정 想상 成성 熟숙 想상 見견 佛불 想상 轉전 法법

輪륜 想상 聞문 法법 解해 了료 想상 調조 伏복 想상 無무

量량 想상 出출 離리 想상 種종 種종 地지 想상 無무 量량

地지 想상 菩보 薩살 了료 知지 想상 菩보 薩살 修수 習습

想상 菩보 薩살 三삼 昧매 想상 菩보 薩살 三삼 昧매 起기

坐 좌	一 일	想 상	薩 살	菩 보	歿 몰	想 상
想 상	歲 세	晝 주	境 경	薩 살	想 상	菩 보
睡 수	變 변	想 상	界 계	自 자	菩 보	薩 살
想 상	異 이	夜 야	想 상	在 재	薩 살	成 성
覺 각	想 상	想 상	劫 겁	想 상	生 생	想 상
想 상	去 거	半 반	成 성	菩 보	想 상	菩 보
如 여	想 상	月 월	壞 괴	薩 살	菩 보	薩 살
是 시	來 래	一 일	想 상	住 주	薩 살	壞 괴
等 등	想 상	月 월	明 명	持 지	解 해	想 상
想 상	住 주	一 일	想 상	想 상	脫 탈	菩 보
於 어	想 상	時 시	暗 암	菩 보	想 상	薩 살

一念中悉能了知而離一切
일념중실능요지이리일체

想無所分別
상무소분별

斷一切障無所執著一切
단일체장무소집착일체

佛智充滿其心一切佛法長
불지충만기심일체불법장

其善根與諸如來等同一身
기선근여제여래등동일신

一切諸佛之所攝取離垢清
일체제불지소섭취리구청

淨一切佛法皆隨修學到於
정일체불법개수수학도어

隨 수	其 기	依 의	於 어	切 체		彼 피
其 기	所 소	止 지	一 일	衆 중	以 이	岸 안
思 사	作 작	隨 수	一 일	生 생	無 무	
覺 각	隨 수	其 기	心 심	修 수	著 착	
種 종	其 기	分 분	中 중	普 보	無 무	
種 종	業 업	別 별	知 지	賢 현	縛 박	
不 부	用 용	隨 수	無 무	行 행	解 해	
同 동	隨 수	其 기	量 량	生 생	脫 탈	
靡 미	其 기	種 종	心 심	大 대	心 심	
不 불	相 상	性 성	隨 수	智 지	爲 위	
明 명	狀 상	隨 수	其 기	寶 보	一 일	

見以無著無縛解脫心成就
普賢大願智寶於一處中知
於無量不可說處如於一處
於一切處悉亦如是
以無著無縛解脫心修習
普賢行業智地於一業中能
知無量不可說不可說業其

業(업)各(각)以(이)種(종)種(종)緣(연)造(조)明(명)了(료)知(지)見(견)

如(여)於(어)一(일)業(업)於(어)一(일)切(체)業(업)悉(실)亦(역)如(여)

是(시)

以(이)無(무)著(착)無(무)縛(박)解(해)脫(탈)心(심)修(수)習(습)

普(보)賢(현)知(지)諸(제)法(법)智(지)於(어)一(일)法(법)中(중)知(지)

不(불)可(가)說(설)不(불)可(가)說(설)法(법)於(어)一(일)切(체)法(법)

中(중)而(이)知(지)一(일)法(법)如(여)是(시)諸(제)法(법)各(각)各(각)

差別無有障礙無違無著
以無著無縛解脫心住菩
薩行得具普賢無礙耳根於
一言音中知不可說不可說
言音無量無邊種種差別而
無所著如於一言音於一切
言音悉亦如是

사경의 공덕은 십만억 부처님께 공양한 것과 같은 공덕이 있습니다.

生 생	於 어	化 화	說 설	一 일	賢 현	
所 소	無 무	攝 섭	法 법	一 일	智 지	以 이
有 유	量 량	受 수	其 기	法 법	起 기	無 무
欲 욕	時 시	不 불	法 법	中 중	普 보	著 착
解 해	於 어	可 가	廣 광	演 연	賢 현	無 무
隨 수	一 일	思 사	大 대	說 설	行 행	縛 박
根 근	切 체	議 의	種 종	不 불	住 주	解 해
隨 수	時 시	方 방	種 종	可 가	普 보	脫 탈
時 시	隨 수	便 편	差 차	說 설	賢 현	心 심
以 이	諸 제	相 상	別 별	不 불	地 지	修 수
佛 불	衆 중	應 응	教 교	可 가	於 어	普 보

音 음 聲 성 而 이 爲 위 說 설 法 법 以 이 一 일 妙 묘 音 음 令 령
不 불 可 가 說 설 道 도 場 량 衆 중 會 회 無 무 量 량 衆 중 生 생
皆 개 悉 실 歡 환 喜 희 一 일 切 체 如 여 來 래 所 소 無 무 量 량
菩 보 薩 살 充 충 滿 만 法 법 界 계 立 입 殊 수 勝 승 志 지 生 생
廣 광 大 대 見 견 究 구 竟 경 了 료 知 지 一 일 切 체 諸 제 行 행
住 주 普 보 賢 현 地 지 隨 수 所 소 說 설 法 법 於 어 念 념 念 념
中 중 悉 실 能 능 證 증 入 입 一 일 刹 찰 那 나 頃 경 增 증 長 장

無量不可說不可說大智慧
무량불가설불가설대지혜

聚盡未來劫如是演說於一
취진미래겁여시연설어일

切剎修習廣大虛空等行成
체찰수습광대허공등행성

就圓滿
취원만

以無著無縛解脫心修習
이무착무박해탈심수습

普賢諸根行門成大行王於
보현제근행문성대행왕어

一一根中悉能了知無量諸
일일근중실능료지무량제

根(근)無(무)量(량)心(심)樂(락)不(불)思(사)議(의)境(경)界(계)所(소)
生(생)妙(묘)行(행)
以(이)無(무)著(착)無(무)縛(박)解(해)脫(탈)心(심)住(주)普(보)
賢(현)行(행)大(대)迴(회)向(향)心(심)得(득)色(색)甚(심)微(미)細(세)
智(지)身(신)甚(심)微(미)細(세)智(지)刹(찰)甚(심)微(미)細(세)智(지)
劫(겁)甚(심)微(미)細(세)智(지)世(세)甚(심)微(미)細(세)智(지)方(방)
甚(심)微(미)細(세)智(지)時(시)甚(심)微(미)細(세)智(지)數(수)甚(심)

微(미)細(세)智(지)業(업)報(보)甚(심)微(미)細(세)智(지)清(청)淨(정)

甚(심)微(미)細(세)智(지)

如(여)是(시)等(등)一(일)切(체)甚(심)微(미)細(세)於(어)一(일)

念(념)中(중)悉(실)能(능)了(료)知(지)而(이)心(심)不(불)恐(공)怖(포)

心(심)不(불)迷(미)惑(혹)不(불)亂(란)不(불)散(산)不(불)濁(탁)不(불)

劣(렬)其(기)心(심)一(일)緣(연)心(심)善(선)寂(적)定(정)心(심)善(선)

分(분)別(별)心(심)善(선)安(안)住(주)

甚 심	衆 중	生 생	死 사	知 지	薩 살	
微 미	生 생	住 주	甚 심	一 일	智 지	以 이
細 세	品 품	甚 심	微 미	切 체	修 수	無 무
衆 중	類 류	微 미	細 세	衆 중	普 보	著 착
生 생	甚 심	細 세	衆 중	生 생	賢 현	無 무
行 행	微 미	衆 중	生 생	趣 취	行 행	縛 박
甚 심	細 세	生 생	生 생	甚 심	無 무	解 해
微 미	衆 중	處 처	甚 심	微 미	有 유	脫 탈
細 세	生 생	甚 심	微 미	細 세	懈 해	心 심
衆 중	境 경	微 미	細 세	衆 중	倦 권	住 주
生 생	界 계	細 세	衆 중	生 생	能 능	菩 보

取(취)甚(심)微(미)細(세)衆(중)生(생)攀(반)緣(연)甚(심)微(미)細(세)

如(여)是(시)等(등)一(일)切(체)甚(심)微(미)細(세)於(어)一(일)念(념)

中(중)悉(실)能(능)了(료)知(지)

以(이)無(무)著(착)無(무)縛(박)解(해)脫(탈)心(심)立(입)深(심)

志(지)樂(락)修(수)普(보)賢(현)行(행)能(능)知(지)一(일)切(체)菩(보)

薩(살)從(종)初(초)發(발)心(심)爲(위)一(일)切(체)衆(중)生(생)修(수)

菩(보)薩(살)行(행)甚(심)微(미)細(세)菩(보)薩(살)住(주)處(처)甚(심)

사경의 공덕은 십만억 부처님께 공양한 것과 같은 공덕이 있습니다.

微(미)細(세)菩(보)薩(살)神(신)通(통)甚(심)微(미)細(세)菩(보)薩(살)
遊(유)行(행)無(무)量(량)佛(불)刹(찰)甚(심)微(미)細(세)菩(보)薩(살)
法(법)光(광)明(명)甚(심)微(미)細(세)菩(보)薩(살)淸(청)淨(정)眼(안)
甚(심)微(미)細(세)菩(보)薩(살)成(성)就(취)殊(수)勝(승)心(심)甚(심)
微(미)細(세)菩(보)薩(살)往(왕)詣(예)一(일)切(체)如(여)來(래)道(도)
場(량)衆(중)會(회)甚(심)微(미)細(세)菩(보)薩(살)陀(다)羅(라)尼(니)
門(문)智(지)甚(심)微(미)細(세)菩(보)薩(살)無(무)量(량)無(무)畏(외)

大 대	薩 살	薩 살	菩 보	薩 살	菩 보	地 지
自 자	法 법	大 대	薩 살	見 견	薩 살	一 일
在 재	界 계	莊 장	甚 심	一 일	無 무	切 체
神 신	三 삼	嚴 엄	深 심	切 체	量 량	辯 변
通 통	昧 매	三 삼	三 삼	佛 불	三 삼	才 재
三 삼	智 지	昧 매	昧 매	三 삼	昧 매	藏 장
昧 매	甚 심	智 지	智 지	昧 매	相 상	演 연
智 지	微 미	甚 심	甚 심	智 지	甚 심	說 설
甚 심	細 세	微 미	微 미	甚 심	微 미	甚 심
微 미	菩 보	細 세	細 세	微 미	細 세	微 미
細 세	薩 살	菩 보	菩 보	細 세	菩 보	細 세

사경의 공덕은 십만억 부처님께 공양한 것과 같은 공덕이 있습니다.

無 무	薩 살	恒 항	出 출	量 량	三 삼	菩 보
礙 애	修 수	不 불	生 생	差 차	昧 매	薩 살
三 삼	行 행	捨 사	一 일	別 별	智 지	盡 진
昧 매	一 일	離 리	切 체	三 삼	甚 심	未 미
智 지	切 체	三 삼	諸 제	昧 매	微 미	來 래
甚 심	甚 심	昧 매	佛 불	智 지	細 세	際 제
微 미	深 심	智 지	前 전	甚 심	菩 보	廣 광
細 세	廣 광	甚 심	勤 근	微 미	薩 살	大 대
菩 보	博 박	微 미	修 수	細 세	出 출	行 행
薩 살	無 무	細 세	供 공	菩 보	生 생	住 주
究 구	障 장	菩 보	養 양	薩 살	無 무	持 지

사경의 공덕은 십만억 부처님께 공양한 것과 같은 공덕이 있습니다.

微 미	薩 살	脫 탈	細 세	智 지	神 신	竟 경
細 세	安 안	心 심	悉 실	甚 심	通 통	一 일
菩 보	立 립	修 수	能 능	微 미	地 지	切 체
薩 살	智 지	普 보	了 료	細 세	決 결	智 지
無 무	甚 심	賢 현	知 지	如 여	定 정	地 지
量 량	微 미	行 행	以 이	是 시	義 의	住 주
行 행	細 세	悉 실	無 무	等 등	地 지	持 지
甚 심	菩 보	知 지	著 착	一 일	離 리	行 행
微 미	薩 살	一 일	無 무	切 체	翳 예	智 지
細 세	地 지	切 체	縛 박	甚 심	三 삼	地 지
菩 보	甚 심	菩 보	解 해	微 미	昧 매	大 대

薩出生迴向甚微細菩薩得
살출생회향심미세보살득

一切佛藏甚微細菩薩觀察
일체불장심미세보살관찰

智甚微細菩薩神通願力甚
지심미세보살신통원력심

微細菩薩演說三昧甚微細
미세보살연설삼매심미세

菩薩自在方便甚微細菩薩
보살자재방편심미세보살

印甚微細菩薩一生補處甚
인심미세보살일생보처심

微細菩薩生兜率天甚微細
미세보살생도솔천심미세

菩薩住止天宮甚微細菩薩
보살주지천궁심미세보살

嚴淨佛國甚微細菩薩觀察
엄정불국심미세보살관찰

人中甚微細菩薩放大光明
인중심미세보살방대광명

甚微細菩薩種族殊勝甚微
심미세보살종족수승심미

細菩薩道場衆會甚微細菩
세보살도량중회심미세보

薩徧一切世界受生甚微細
살변일체세계수생심미세

菩薩於一身示現一切身命
보살어일신시현일체신명

終종 甚심 微미 細세 菩보 薩살 入입 母모 胎태 甚심 微미

細세 菩보 薩살 住주 母모 胎태 甚심 微미 細세 菩보 薩살

在재 母모 胎태 中중 自자 在재 示시 現현 一일 切체 法법

界계 道도 場량 衆중 會회 甚심 微미 細세 菩보 薩살 在재

母모 胎태 中중 示시 現현 一일 切체 佛불 神신 力력 甚심

微미 細세 菩보 薩살 示시 現현 誕탄 生생 事사 甚심 微미

細세 菩보 薩살 師사 子자 遊유 行행 七칠 步보 智지 甚심

微細菩薩示處王宮巧方便
미세보살시처왕궁교방편

智甚微細菩薩出家修調伏
지심미세보살출가수조복

行甚微細菩薩菩提樹下坐
행심미세보살보리수하좌

道場甚微細菩薩破魔軍衆
도량심미세보살파마군중

成阿耨多羅三藐三菩提甚
성아녹다라삼먁삼보리심

微細如來坐菩提座放大光
미세여래좌보리좌방대광

明照十方界甚微細如來示
명조시방계심미세여래시

現無量神變甚微細如來師
현무량신변심미세여래사

子吼大涅槃甚微細如來調
자후대열반심미세여래조

伏一切衆生而無所礙甚微
복일체중생이무소애심미

細如來不思議自在力如金
세여래불사의자재력여금

剛菩提心甚微細如來普護
강보리심심미세여래보호

念一切世間境界甚微細如
념일체세간경계심미세여

來普於一切世界施作佛事
래보어일체세계시작불사

三 삼	佛 불	微 미	世 세	微 미	如 여	盡 진
世 세	身 신	細 세	界 계	細 세	來 래	未 미
中 중	甚 심	如 여	普 보	如 여	無 무	來 래
皆 개	微 미	來 래	現 현	來 래	礙 애	劫 겁
處 처	細 세	於 어	成 성	於 어	神 신	而 이
道 도	如 여	一 일	佛 불	盡 진	力 력	無 무
場 량	來 래	佛 불	調 조	虛 허	周 주	休 휴
自 자	於 어	身 신	伏 복	空 공	徧 변	息 식
在 재	去 거	現 현	衆 중	界 계	法 법	甚 심
智 지	來 래	無 무	生 생	一 일	界 계	微 미
甚 심	今 금	量 량	甚 심	切 체	甚 심	細 세

微細如是等一切微細悉能
(미세여시등일체미세실능)

了知成就淸淨普能示現一
(료지성취청정보능시현일)

切世間於念念中增長智慧
(체세간어념념중증장지혜)

圓滿不退
(원만불퇴)

善巧方便修菩薩行無有
(선교방편수보살행무유)

休息成就普賢迴向之地具
(휴식성취보현회향지지구)

足一切如來功德永不厭捨
(족일체여래공덕영불염사)

菩薩所行出生菩薩現前
보살소행출생보살현전경

界無量方便皆悉淸淨普欲
계무량방편개실청정보욕

安隱一切衆生修菩薩行成
안은일체중생수보살행성

就菩薩大威德地得諸菩薩
취보살대위덕지득제보살

心之樂欲獲金剛幢迴向之
심지락욕획금강당회향지

門出生法界諸功德藏常爲
문출생법계제공덕장상위

諸佛之所護念入諸菩薩深
제불지소호념입제보살심

사경의 공덕은 십만억 부처님께 공양한 것과 같은 공덕이 있습니다.

妙法門演說一切眞實之義
묘법문연설일체진실지의

於法善巧無所違失起大
어법선교무소위실기대

誓願不捨衆生於一念中盡
서원불사중생어일념중진

知一切心非心地境界之藏
지일체심비심지경계지장

於非心處示生心遠離語
어비심처시생심원리어

言安住智慧同諸菩薩所行
언안주지혜동제보살소행

之行以自在力示成佛道
지행이자재력시성불도

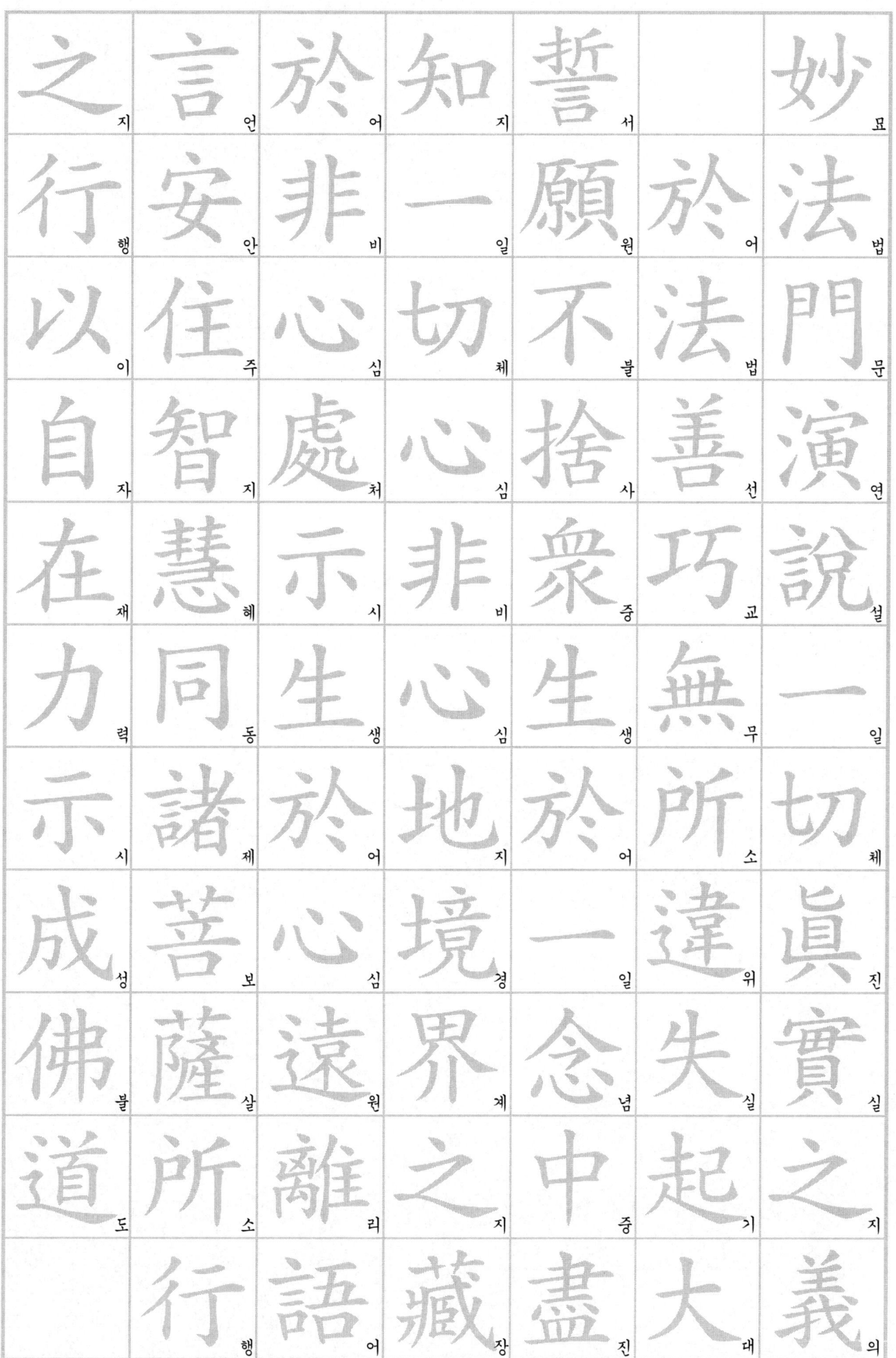

智 지	智 지	賢 현	現 현	之 지	切 체	
衆 중	所 소	行 행	以 이	所 소	世 세	盡 진
生 생	謂 위	得 득	無 무	建 건	間 간	未 미
界 계	衆 중	一 일	著 착	立 립	衆 중	來 래
言 언	生 생	切 체	無 무	神 신	生 생	際 제
說 설	界 계	衆 중	縛 박	通 통	劫 겁	常 상
甚 심	分 분	生 생	解 해	願 원	數 수	無 무
微 미	別 별	界 계	脫 탈	力 력	妄 망	有 유
細 세	甚 심	甚 심	心 심	悉 실	想 상	休 휴
智 지	微 미	微 미	修 수	能 능	言 언	息 식
衆 중	細 세	細 세	普 보	示 시	說 설	一 일

사경의 공덕은 십만억 부처님께 공양한 것과 같은 공덕이 있습니다.

無 무	無 무	分 분	微 미	甚 심	異 이	生 생
量 량	量 량	別 별	細 세	微 미	類 류	界 계
清 청	雜 잡	所 소	智 지	細 세	甚 심	執 집
淨 정	染 염	作 작	衆 중	智 지	微 미	著 착
甚 심	甚 심	甚 심	生 생	衆 중	細 세	甚 심
微 미	微 미	微 미	界 계	生 생	智 지	微 미
細 세	細 세	細 세	不 불	界 계	衆 중	細 세
智 지	智 지	智 지	思 사	無 무	生 생	智 지
如 여	衆 중	衆 중	議 의	量 량	界 계	衆 중
是 시	生 생	生 생	種 종	趣 취	同 동	生 생
等 등	界 계	界 계	種 종	甚 심	類 류	界 계

一切衆生界境界甚微細於
일체중생계경계심미세어

一念中能以智慧皆如實知
일념중능이지혜개여실지

廣攝衆生而爲說法開示種
광섭중생이위설법개시종

種清淨法門令修菩薩廣大
종청정법문영수보살광대

智慧化身無量見者歡喜以
지혜화신무량견자환희이

智日光照菩薩心令其開悟
지일광조보살심영기개오

智慧自在
지혜자재

甚 심	染 염	微 미	界 계	行 행	切 체	
微 미	世 세	細 세	甚 심	得 득	衆 중	以 이
細 세	界 계	智 지	微 미	盡 진	生 생	無 무
智 지	甚 심	大 대	細 세	虛 허	於 어	著 착
無 무	微 미	世 세	智 지	空 공	一 일	無 무
比 비	細 세	界 계	所 소	界 계	切 체	縛 박
世 세	智 지	甚 심	謂 위	法 법	世 세	解 해
界 계	清 청	微 미	小 소	界 계	界 계	脫 탈
甚 심	淨 정	細 세	世 세	一 일	修 수	心 심
微 미	世 세	智 지	界 계	切 체	普 보	爲 위
細 세	界 계	雜 잡	甚 심	世 세	賢 현	一 일

사경의 공덕은 십만억 부처님께 공양한 것과 같은 공덕이 있습니다.

微 미	細 세	智 지	徧 변	智 지	界 계	智 지
細 세	智 지	徧 변	一 일	無 무	甚 심	種 종
智 지	徧 변	一 일	切 체	礙 애	微 미	種 종
徧 변	一 일	切 체	世 세	莊 장	細 세	世 세
一 일	切 체	世 세	界 계	嚴 엄	智 지	界 계
切 체	世 세	界 계	佛 불	世 세	狹 협	甚 심
世 세	界 계	說 설	出 출	界 계	世 세	微 미
界 계	普 보	正 정	現 현	甚 심	界 계	細 세
放 방	現 현	法 법	甚 심	微 미	甚 심	智 지
大 대	身 신	甚 심	微 미	細 세	微 미	廣 광
光 광	甚 심	微 미	細 세	智 지	細 세	世 세

明(명) 甚(심) 微(미) 細(세) 智(지) 盡(진) 一(일) 切(체) 世(세) 界(계) 示(시)
現(현) 諸(제) 佛(불) 自(자) 在(재) 神(신) 通(통) 甚(심) 微(미) 細(세) 智(지)
盡(진) 一(일) 切(체) 世(세) 界(계) 以(이) 一(일) 音(음) 聲(성) 示(시) 一(일)
切(체) 音(음) 甚(심) 微(미) 細(세) 智(지) 入(입) 一(일) 切(체) 世(세) 界(계)
一(일) 切(체) 佛(불) 剎(찰) 道(도) 場(량) 衆(중) 會(회) 甚(심) 微(미) 細(세)
智(지) 以(이) 一(일) 切(체) 法(법) 界(계) 佛(불) 剎(찰) 作(작) 一(일) 佛(불)
剎(찰) 甚(심) 微(미) 細(세) 智(지) 以(이) 一(일) 佛(불) 剎(찰) 作(작) 一(일)

切法界佛刹甚微細智知一
切世界如夢甚微細智知一
切世界如像甚微細智知一
切世界如幻甚微細智如是
了知出生一切菩薩之道入
普賢智慧神通
具普賢觀修菩薩行常無

休息得一切佛自在神變具
휴식득일체불자재신변구

無礙身住無依智於諸善法
무애신주무의지어제선법

無所取著心之所行悉無所
무소취착심지소행실무소

得於一切處起遠離想於菩
득어일체처기원리상어보

薩行起淨修想於一切智無
살행기정수상어일체지무

取著想以諸三昧而自莊嚴
취착상이제삼매이자장엄

智慧隨順一切法界以無著
지혜수순일체법계이무착

法 법	法 법	議 의	大 대	說 설	門 문	無 무
界 계	界 계	法 법	法 법	一 일	得 득	縛 박
甚 심	甚 심	界 계	界 계	切 체	無 무	解 해
微 미	微 미	甚 심	甚 심	法 법	量 량	脫 탈
細 세	細 세	微 미	微 미	界 계	法 법	心 심
智 지	智 지	細 세	細 세	甚 심	界 계	入 입
普 보	一 일	智 지	智 지	微 미	甚 심	普 보
入 입	念 념	分 분	分 분	細 세	微 미	賢 현
一 일	徧 변	別 별	別 별	智 지	細 세	菩 보
切 체	一 일	一 일	不 불	入 입	智 지	薩 살
法 법	切 체	切 체	思 사	廣 광	演 연	行 행

智 지	等 등	法 법	界 계	無 무	所 소	界 계
皆 개	一 일	界 계	無 무	所 소	得 득	甚 심
如 여	切 체	現 현	有 유	礙 애	甚 심	微 미
實 실	法 법	神 신	生 생	甚 심	微 미	細 세
知 지	界 계	變 변	甚 심	微 미	細 세	智 지
於 어	甚 심	甚 심	微 미	細 세	智 지	知 지
法 법	微 미	微 미	細 세	智 지	觀 관	一 일
自 자	細 세	細 세	智 지	知 지	一 일	切 체
在 재	以 이	智 지	於 어	一 일	切 체	法 법
示 시	廣 광	如 여	一 일	切 체	法 법	界 계
普 보	大 대	是 시	切 체	法 법	界 계	無 무

切 체	說 설	猶 유	切 체	無 무	捨 사	賢 현
境 경	開 개	若 약	法 법	礙 애	於 어	行 행
無 무	眞 진	虛 허	不 불	之 지	義 의	令 령
依 의	實 실	空 공	壞 괴	智 지	不 불	諸 제
無 무	義 의	隨 수	諸 제	知 지	著 착	衆 중
住 주	示 시	順 순	法 법	無 무	於 어	生 생
無 무	寂 적	世 세	性 성	礙 애	法 법	皆 개
有 유	滅 멸	間 간	如 여	本 본	出 출	悉 실
分 분	性 성	起 기	實 실	不 부	生 생	滿 만
別 별	於 어	於 어	無 무	住 주	平 평	足 족
明 명	一 일	言 언	染 염	一 일	等 등	不 불

見法界廣大安立了諸世間
及一切法平等無二離一切
著

以無著無縛解脫心修普
賢行生諸劫甚微細智所謂
以不可說劫為一念甚微細
智以一念為不可說劫甚微

細智以阿僧祇劫入一劫甚
세지이아승기겁입일겁심

微細智以一劫入阿僧祇劫
미세지이일겁입아승기겁

甚微細智以長劫入短劫甚
심미세지이장겁입단겁심

微細智以短劫入長劫甚微
미세지이단겁입장겁심미

細智入有佛劫無佛劫甚微
세지입유불겁무불겁심미

細智知一切劫數甚微細智
세지지일체겁수심미세지

知一切劫非劫甚微細智一
지일체겁비겁심미세지일

念中見三世一切劫甚微細
념중견삼세일체겁심미세

智如是等一切諸劫甚微細
지여시등일체제겁심미세

以如來智於一念中皆如實
이여래지어일념중개여실

知得諸菩薩圓滿行王心入
지득제보살원만행왕심입

普賢行心離一切分別異道
보현행심이일체분별이도

戲論心發大願無懈息心普
희론심발대원무해식심보

見無量世界網無量諸佛充
견무량세계망무량제불충

滿心於諸佛善根諸菩薩行
만심어제불선근제보살행

能聞持心於安慰一切衆生
능문지심어안위일체중생

廣大行聞已不忘心能於一
광대행문이불망심능어일

切劫現佛出世心於一一世
체겁현불출세심어일일세

界盡未來際行不動行無休
계진미래제행부동행무휴

息心於一切世界中以如來
식심어일체세계중이여래

身業充滿菩薩身心
신업충만보살신심

以無著無縛解脫心修普
이무착무박해탈심수보

賢行成不退轉得一切法甚
현행성불퇴전득일체법심

微細智所謂甚深法甚微細
미세지소위심심법심미세

智廣大法甚微細智種種法
지광대법심미세지종종법

甚微細智莊嚴法甚微細智
심미세지장엄법심미세지

一切法無有量甚微細智一
일체법무유량심미세지일

切法入一法甚微細智一法
체법입일법심미세지일법

入一切法甚微細智一切法
入非法甚微細智
無法中安立一切法而不
相違甚微細智入一切佛法
方便無有餘甚微細智如是
等一切世界一切言說所安
立法諸微細智與彼同等其

사경의 공덕은 십만억 부처님께 공양한 것과 같은 공덕이 있습니다.

來 래	德 덕	正 정	一 일	法 법		智 지
身 신	徧 변	念 념	切 체	界 계	得 득	無 무
現 현	滿 만	方 방	智 지	深 심	入 입	礙 애
諸 제	法 법	便 편	充 충	心 심	無 무	皆 개
菩 보	界 계	成 성	滿 만	堅 견	邊 변	如 여
薩 살	普 보	就 취	諸 제	住 주	法 법	實 실
所 소	入 입	諸 제	根 근	成 성	界 계	知 지
有 유	一 일	佛 불	入 입	無 무	心 심	
身 신	切 체	廣 광	諸 제	礙 애	於 어	
業 업	諸 제	大 대	佛 불	行 행	一 일	
隨 수	如 여	功 공	智 지	以 이	一 일	

順一切世界言辭演說於法
순일체세계언사연설어법

得一切佛神力所加智慧意
득일체불신력소가지혜의

業出生無量善巧方便分別
업출생무량선교방편분별

諸法薩婆若智
제법살바야지

以無著無縛解脫心修普
이무착무박해탈심수보

賢行出生一切甚微細智所
현행출생일체심미세지소

謂知一切刹甚微細智知一
위지일체찰심미세지지일

微 미	甚 심	細 세	甚 심	心 심	果 과	切 체
細 세	微 미	智 지	微 미	甚 심	報 보	衆 중
智 지	細 세	知 지	細 세	微 미	甚 심	生 생
知 지	智 지	一 일	智 지	細 세	微 미	甚 심
一 일	知 지	切 체	知 지	智 지	細 세	微 미
切 체	一 일	盡 진	一 일	知 지	智 지	細 세
世 세	切 체	虛 허	切 체	一 일	知 지	智 지
間 간	語 어	空 공	法 법	切 체	一 일	知 지
行 행	言 언	界 계	界 계	說 설	切 체	一 일
甚 심	道 도	三 삼	甚 심	法 법	衆 중	切 체
微 미	甚 심	世 세	微 미	時 시	生 생	法 법

生 생	如 여	若 약	智 지	菩 보	智 지	細 세
如 여	夢 몽	義 의	修 수	薩 살	乃 내	智 지
化 화	智 지	皆 개	菩 보	道 도	至 지	知 지
智 지	生 생	如 여	薩 살	一 일	知 지	一 일
生 생	如 여	實 실	行 행	切 체	一 일	切 체
如 여	幻 환	知 지	住 주	衆 중	切 체	出 출
空 공	智 지	生 생	普 보	生 생	如 여	世 세
智 지	生 생	如 여	賢 현	道 도	來 래	行 행
生 생	如 여	影 영	道 도	甚 심	道 도	甚 심
寂 적	響 향	智 지	若 약	微 미	一 일	微 미
滅 멸	智 지	生 생	文 문	細 세	切 체	細 세

智生一切法界智生無所依
지생일체법계지생무소의

智生一切佛法智
지생일체불법지

佛子菩薩摩訶薩以無著
불자보살마하살이무착

無縛解脫心迴向不分別若
무박해탈심회향불분별약

世間若世間法不分別若菩
세간약세간법불분별약보

提若菩提薩埵不分別若菩
리약보리살타불분별약보

薩行若出離道不分別若佛
살행약출리도불분별약불

若약 一일 切체 佛불 法법 不불 分분 別별 若약 調조 伏복

衆중 生생 若약 不불 調조 伏복 衆중 生생 不불 分분 別별

若약 善선 根근 若약 廻회 向향 不불 分분 別별 若약 自자

若약 他타 不불 分분 別별 若약 施시 物물 若약 受수 施시

者자 不불 分분 別별 若약 菩보 薩살 行행 若약 等등 正정

覺각 不불 分분 別별 若약 法법 若약 智지

佛불 子자 菩보 薩살 摩마 訶하 薩살 以이 彼피 善선

根(근)如(여)是(시)迴(회)向(향)所(소)謂(위)心(심)無(무)著(착)無(무)
縛(박)解(해)脫(탈)身(신)無(무)著(착)無(무)縛(박)解(해)脫(탈)口(구)
無(무)著(착)無(무)縛(박)解(해)脫(탈)業(업)無(무)著(착)無(무)縛(박)
解(해)脫(탈)報(보)無(무)著(착)無(무)縛(박)解(해)脫(탈)世(세)間(간)
無(무)著(착)無(무)縛(박)解(해)脫(탈)佛(불)刹(찰)無(무)著(착)無(무)
縛(박)解(해)脫(탈)衆(중)生(생)無(무)著(착)無(무)縛(박)解(해)脫(탈)
法(법)無(무)著(착)無(무)縛(박)解(해)脫(탈)智(지)無(무)著(착)無(무)

迴 회	諸 제	住 주	諸 제	所 소	向 향	縛 박
向 향	佛 불	現 현	佛 불	修 수	時 시	解 해
道 도	迴 회	在 재	迴 회	迴 회	如 여	脫 탈
隨 수	向 향	諸 제	向 향	向 향	三 삼	菩 보
順 순	道 도	佛 불	成 성	而 이	世 세	薩 살
現 현	不 불	迴 회	未 미	行 행	諸 제	摩 마
在 재	捨 사	向 향	來 래	迴 회	佛 불	訶 하
諸 제	未 미	安 안	諸 제	向 향	爲 위	薩 살
佛 불	來 래	住 주	佛 불	學 학	菩 보	如 여
迴 회	諸 제	過 과	迴 회	過 과	薩 살	是 시
向 향	佛 불	去 거	向 향	去 거	時 시	迴 회

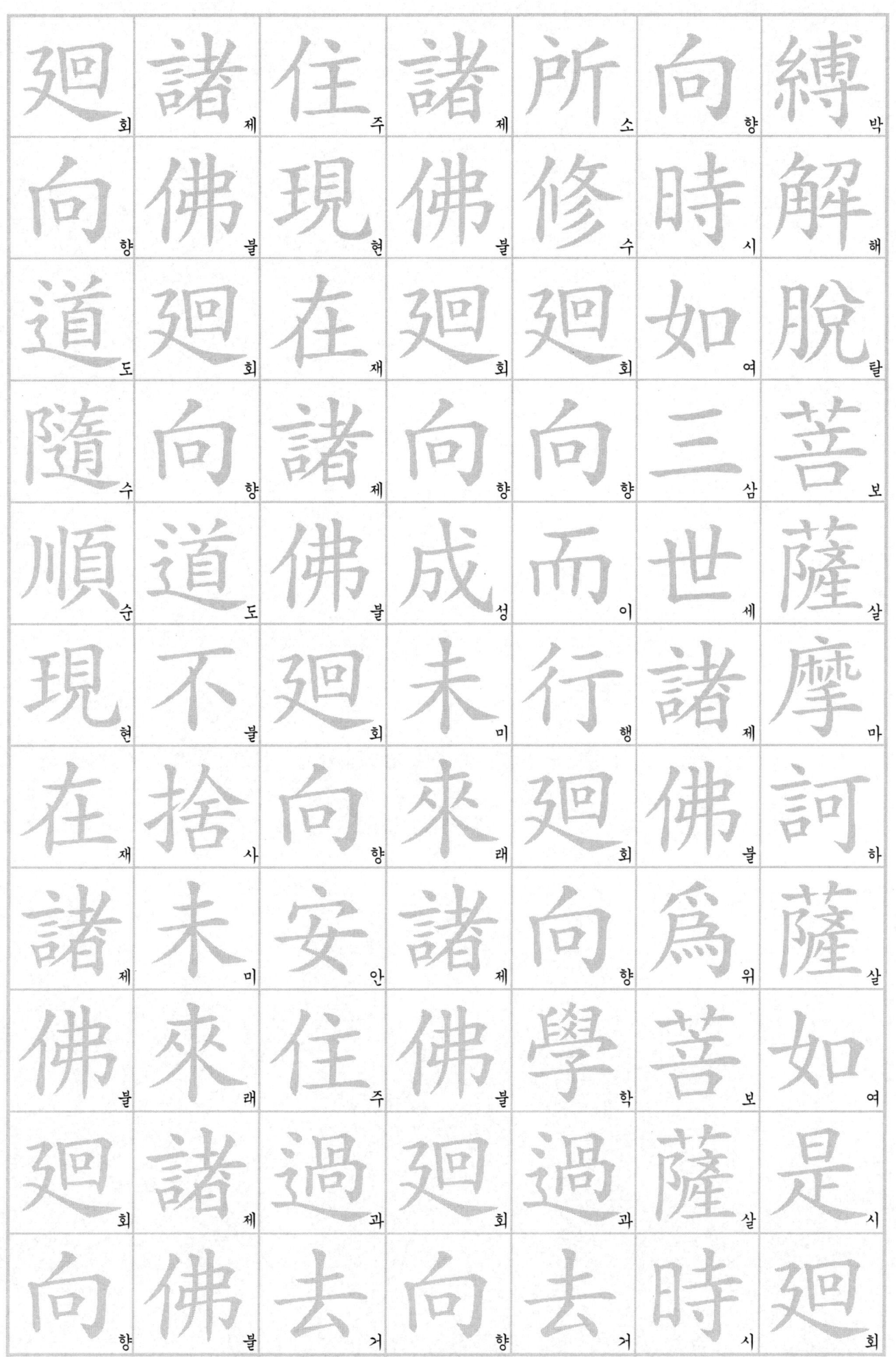

道勤修過去諸佛教成就未
來諸佛教了知現在諸佛教
滿足過去諸佛平等成就
未來諸佛平等安住現在諸
佛平等行過去諸佛境界住
未來諸佛境界等現在佛
境界得三世一切諸佛善根

사경의 공덕은 십만억 부처님께 공양한 것과 같은 공덕이 있습니다.

具三世一切諸佛種性住三
구삼세일체제불종성주삼

世一切諸佛所行順三世一
세일체제불소행순삼세일

切諸佛境界佛子是爲菩薩
체제불경계불자시위보살

摩訶薩第九無著無縛解脫
마하살제구무착무박해탈

心迴向
심회향

菩薩摩訶薩住此迴向時
보살마하살주차회향시

一切金剛輪圍山所不能壞
일체금강륜위산소불능괴

사경의 공덕은 십만억 부처님께 공양한 것과 같은 공덕이 있습니다.

於(어)一(일)切(체)衆(중)生(생)中(중)色(색)相(상)第(제)一(일)無(무)

能(능)及(급)者(자)悉(실)能(능)摧(최)破(파)諸(제)魔(마)邪(사)業(업)

普(보)現(현)十(시)方(방)一(일)切(체)世(세)界(계)修(수)菩(보)薩(살)

行(행)爲(위)欲(욕)開(개)悟(오)一(일)切(체)衆(중)生(생)以(이)善(선)

方(방)便(편)說(설)諸(제)佛(불)法(법)得(득)大(대)智(지)慧(혜)於(어)

諸(제)佛(불)法(법)心(심)無(무)迷(미)惑(혹)在(재)在(재)生(생)處(처)

若(약)行(행)若(약)住(주)常(상)得(득)値(치)遇(우)不(불)壞(괴)眷(권)

屬三世諸佛所說正法以淸
속삼세제불소설정법이청

淨念悉能受持
정념실능수지

盡未來劫修菩薩行常不
진미래겁수보살행상불

休息無所依著普賢行願增
휴식무소의착보현행원증

長具足得一切智施作佛事
장구족득일체지시작불사

成就菩薩自在神通
성취보살자재신통

爾時金剛幢菩薩承佛神
이시금강당보살승불신

力 (력)

普觀十方而說頌言 (보관시방이설송언)

普於十方無等尊 (보어시방무등존)

未曾一起輕慢心 (미증일기경만심)

隨其所修功德業 (수기소수공덕업)

亦復恭敬生尊重 (역부공경생존중)

所修一切諸功德 (소수일체제공덕)

不爲自己及他人 (불위자기급타인)

恒以最上信解心
항이최상신해심

利益衆生故迴向
이익중생고회향

未嘗暫起高慢心
미상잠기고만심

亦復不生下劣意
역부불생하열의

如來所有身等業
여래소유신등업

彼悉請問勤修習
피실청문근수습

所修種種諸善根
소수종종제선근

悉爲利益諸含識 (실위이익제함식)
安住深心廣大解 (안주심심광대해)
迴向人尊功德位 (회향인존공덕위)
世間所有無量別 (세간소유무량별)
種種善巧奇特事 (종종선교기특사)
麤細廣大及甚深 (추세광대급심심)
靡不修行皆了達 (미불수행개료달)

世間所有種種身
세간소유종종신

以身平等入其中
이신평등입기중

於此修行得了悟
어차수행득료오

慧門成就無退轉
혜문성취무퇴전

世間國土無量種
세간국토무량종

微細廣大仰覆別
미세광대앙부별

菩薩能以智慧門
보살능이지혜문

一毛孔中無不見
일모공중무불견

衆生心行無有量
중생심행무유량

能令平等入一心
능령평등입일심

以智慧門悉開悟
이지혜문실개오

於所修行不退轉
어소수행불퇴전

衆生諸根及欲樂
중생제근급욕락

上中下品各不同
상중하품각부동

一切甚深難可知
일체심심난가지

隨其本性悉能了
수기본성실능료

衆生所有種種業
중생소유종종업

上中下品各差別
상중하품각차별

菩薩深入如來力
보살심입여래력

以智慧門普明見
이지혜문보명견

不可思議無量劫
불가사의무량겁

能令平等入一念
능령평등입일념

如是見已偏十方
여시견이변시방

修行一切清淨業
수행일체청정업

過去未來及現在
과거미래급현재

了知其相各不同
요지기상각부동

而亦不違平等理
이역불위평등리

是則大心明達行
시즉대심명달행

世間衆生行不同
세간중생행부동

或顯或隱無量種
혹현혹은무량종

菩薩悉知差別相
보살실지차별상

亦知其相皆無相
역지기상개무상

十方世界一切佛
시방세계일체불

所現自在神通力
소현자재신통력

廣大難可得思議
광대난가득사의

菩薩悉能分別知 (보살실능분별지)
一切世界兜率中 (일체세계도솔중)
自然覺悟人師子 (자연각오인사자)
功德廣大淨無等 (공덕광대정무등)
如其體相悉能見 (여기체상실능견)
或現降神處母胎 (혹현강신처모태)
無量自在大神變 (무량자재대신변)

成(성)佛(불)說(설)法(법)示(시)滅(멸)度(도)
普(보)徧(변)世(세)間(간)無(무)暫(잠)已(이)
人(인)中(중)師(사)子(자)初(초)生(생)時(시)
一(일)切(체)勝(승)智(지)悉(실)承(승)奉(봉)
諸(제)天(천)帝(제)釋(석)梵(범)王(왕)等(등)
靡(미)不(불)恭(공)敬(경)而(이)瞻(첨)侍(시)
十(시)方(방)一(일)切(체)無(무)有(유)餘(여)

사경의 공덕은 십만억 부처님께 공양한 것과 같은 공덕이 있습니다.

無量無邊法界中
무량무변법계중

無始無末無遐邇
무시무말무하이

示現如來自在力
시현여래자재력

人中尊導現生已
인중존도현생이

遊行諸方各七步
유행제방각칠보

欲以妙法悟群生
욕이묘법오군생

是故如來普觀察
시고여래보관찰

見諸衆生沈欲海
견제중생침욕해

盲暗愚癡之所覆
맹암우치지소부

人中自在現微笑
인중자재현미소

念當救彼三有苦
염당구피삼유고

大師子吼出妙音
대사자후출묘음

我爲世間第一尊
아위세간제일존

應然明淨智慧燈
응연명정지혜등

사경의 공덕은 십만억 부처님께 공양한 것과 같은 공덕이 있습니다.

滅彼生死愚癡暗 멸피생사우치암
人師子王出世時 인사자왕출세시
普放無量大光明 보방무량대광명
令諸惡道皆休息 영제악도개휴식
永滅世間衆苦難 영멸세간중고난
或時示現處王宮 혹시시현처왕궁
或現捨家修學道 혹현사가수학도

爲欲饒益衆生故
위욕요익중생고

示其如是自在力
시기여시자재력

如來始坐道場時
여래시좌도량시

一切大地皆動搖
일체대지개동요

十方世界悉蒙光
시방세계실몽광

六趣衆生咸離苦
육취중생함리고

震動一切魔宮殿
진동일체마궁전

開悟十方衆生心
개오시방중생심

昔曾受化及修行
석증수화급수행

皆使了知眞實義
개사료지진실의

十方所有諸國土
시방소유제국토

悉入毛孔無有餘
실입모공무유여

一切毛孔刹無邊
일체모공찰무변

於彼普現神通力
어피보현신통력

一切諸佛所開演
일체제불소개연

無量方便皆隨悟
무량방편개수오

設諸如來所不說
설제여래소불설

亦能解了勤修習
역능해료근수습

徧滿三千大千界
변만삼천대천계

一切魔軍興鬪諍
일체마군흥투쟁

所作無量種種惡
소작무량종종악

無礙智門能悉滅 (무애지문능실멸)
如來或在諸佛刹 (여래혹재제불찰)
或復現處諸天宮 (혹부현처제천궁)
或在梵宮而現身 (혹재범궁이현신)
菩薩悉見無障礙 (보살실견무장애)
佛現無量種種身 (불현무량종종신)
轉於清淨妙法輪 (전어청정묘법륜)

乃至三世一切劫
내지삼세일체겁

求其邊際不可得
구기변제불가득

寶座高廣最無等
보좌고광최무등

徧滿十方無量界
변만시방무량계

種種妙相而莊嚴
종종묘상이장엄

佛處其上難思議
불처기상난사의

諸佛子衆共圍遶
제불자중공위요

盡於法界悉周徧 (진어법계실주변)
開示菩提無量行 (개시보리무량행)
一切最勝所由道 (일체최승소유도)
諸佛隨宜所作業 (제불수의소작업)
無量無邊等法界 (무량무변등법계)
智者能以一方便 (지자능이일방편)
一切了知無不盡 (일체료지무부진)

諸佛自在神通力
제불자재신통력

示現一切種種身
시현일체종종신

或現諸趣無量生
혹현제취무량생

或現采女衆圍遶
혹현채녀중위요

或於無量諸世界
혹어무량제세계

示現出家成佛道
시현출가성불도

乃至最後般涅槃
내지최후반열반

分布其身起塔廟
분포기신기탑묘

如是種種無邊行
여시종종무변행

導師演說佛所住
도사연설불소주

世尊所有大功德
세존소유대공덕

誓願修行悉令盡
서원수행실령진

以彼善根迴向時
이피선근회향시

住於如是方便法
주어여시방편법

사경의 공덕은 십만억 부처님께 공양한 것과 같은 공덕이 있습니다.

如是修習菩提行
여시수습보리행

其心畢竟無厭怠
기심필경무염태

如來所有大神通
여래소유대신통

及以無邊勝功德
급이무변승공덕

乃至世間諸智行
내지세간제지행

一切悉知無不盡
일체실지무부진

如是一切人中主
여시일체인중주

隨其所有諸境界
수기소유제경계

於一念中皆了悟
어일념중개료오

而亦不捨菩提行
이역불사보리행

諸佛所有微細行
제불소유미세행

及一切刹種種法
급일체찰종종법

於彼悉能隨順知
어피실능수순지

究竟迴向到彼岸
구경회향도피안

有數無數一切劫
유수무수일체겁

菩薩了知卽一念
보살요지즉일념

於此善入菩提行
어차선입보리행

常勤修習不退轉
상근수습불퇴전

十方所有無量刹
시방소유무량찰

或有雜染或清淨
혹유잡염혹청정

及彼一切諸如來
급피일체제여래

菩薩悉能分別知
보살실능분별지

於念念中悉明見
어념념중실명견

不可思議無量劫
불가사의무량겁

如是三世無有餘
여시삼세무유여

具足修治菩薩行
구족수치보살행

於一切心平等入
어일체심평등입

入一切法亦平等
입일체법역평등

盡空佛刹斯亦然 (진공불찰사역연)

彼最勝行悉了知 (피최승행실료지)

出生衆生及諸法 (출생중생급제법)

所有種種諸智慧 (소유종종제지혜)

菩薩神力亦復然 (보살신력역부연)

如是一切無窮盡 (여시일체무궁진)

諸微細智各差別 (제미세지각차별)

菩薩盡攝無有餘
보살진섭무유여

同相異相悉善知
동상이상실선지

如是修行廣大行
여시수행광대행

十方無量諸佛刹
시방무량제불찰

其中衆生各無量
기중중생각무량

趣生族類種種殊
취생족류종종수

住行力已悉能知
주행력이실능지

過去未來現在世 (과거미래현재세)
所有一切諸導師 (소유일체제도사)
若人知此而廻向 (약인지차이회향)
則與彼佛行平等 (즉여피불행평등)
若人能修此廻向 (약인능수차회향)
則爲學佛所行道 (즉위학불소행도)
當得一切佛功德 (당득일체불공덕)

及以一切佛智慧 (급이일체불지혜)
一切世間莫能壞 (일체세간막능괴)
一切所學皆成就 (일체소학개성취)
常能憶念一切佛 (상능억념일체불)
常見一切世間燈 (상견일체세간등)
菩薩勝行不可量 (보살승행불가량)
諸功德法亦如是 (제공덕법역여시)

已住如來無上行
이주여래무상행

悉知諸佛自在力
실지제불자재력

사경의 공덕은 십만억 부처님께 공양한 것과 같은 공덕이 있습니다.

發 願 文

귀의 삼보하옵고

거룩하신 부처님께 발원하옵나이다.

주　　소 : ____________________

전　　화 : ____________ 불 명 : ________ 성 명 : ________

불기 25 ________ 년 ________ 월 ________ 일